Degollado resplandor

LA ADORMECEDORA DE MARES

Colección
LA ADORMECEDORA DE MARES

Pe861
V293d Varela, Blanca, 1926-2009.
       Degollador resplandor: poesía selecta (1949-2001)
       / Blanca Varela; Prólogo, selección y notas de Miguel Ángel Zapata.
       1a. ed. –Santiago de Chile: Universitaria, 2019.
       109 p.: retrato; 15,5 x 23 cm. – (La adormecedora de mares)

       ISBN Impreso: 978-956-11-2630-5
       ISBN Digital: 978-956-11-2740-1

1. Poesías peruanas.
I. t. II. Zapata, Miguel Ángel, compilador.

&

EDITORIAL UNIVERSITARIA, S.A.

Texto compuesto en tipografía Berling 11/14

Se terminó de imprimir esta 1ª edición
en los talleres de Salesianos Impresores S.A.,
General Gana 1486, Santiago de Chile,
en mayo de 2019.

CUBIERTA
Fotografía pertenece a familia de Blanca Varela

DIAGRAMACIÓN
Yenny Isla Rodríguez

DISEÑO DE PORTADA
Norma Díaz San Martín

www.universitaria.cl

Blanca Varela

Degollado resplandor
Poesía selecta
(1949-2000)

Prólogo y selección de
Miguel Ángel Zapata

EDITORIAL UNIVERSITARIA

EDICIONES ALTAZOR
FUNDACIÓN VICENTE HUIDOBRO

ÍNDICE

DEGOLLADO RESPLANDOR

Por Miguel Ángel Zapata

> Despegar los párpados significa morir, desprender de una
> estrella. El ritual es breve, la entrega absoluta.
> *Blanca Varela*

La poética de Blanca Varela supera el lugar común al optar por la "palabra eludida", aquel silencio descubierto en su camino a Babel. El enigma frena un falso descubrimiento: no es el canto de las sirenas lo que la ensombrece, sino su terco silencio, ese necesario "degollado resplandor". Varela le corta el cuello a la aparente luz primera de la poesía superficial, sin ser exageradamente oscura. Ahí sus faros: Paul Celan y César Vallejo. De ambos asimila el silencio y la precisión, la exigencia fundamental de no decirlo todo en el poema, a pesar del dolor y la farsa de vencer el devenir incierto.

Han pasado diez años desde la muerte de Blanca Varela en Lima el 12 de marzo de 2009. La poeta peruana nos deja una obra contundente en la historia de las letras hispánicas contemporáneas. Su poesía obtuvo varios reconocimientos importantes, como los premios Octavio Paz de Poesía y Ensayo (2001), el Federico García Lorca (2006), y el Reina Sofía de Poesía Iberoamericana (2007). Blanca Varela no creía ni esperaba recibir premios para que su poesía fuera leída y reconocida. Los premios, entendió bien, pueden ser fugaces como la fama y el delirio, pero la poesía es un trabajo que se forja con ahínco, y su permanencia lo decide el tiempo. Borges y Vallejo vislumbraron bien los juegos laberínticos de los premios y reconocimientos. La obra poética de Blanca Varela es todo un incendio de imágenes, una orfebrería inusual para estos tiempos difíciles. La trama de su poesía se mueve por varios entornos, y sería un error enfocarla exclusivamente desde la perspectiva del surrealismo.

Su obra poética la conforman poemas, no libros. A través de la madurez de la imagen su obra ha venido bifurcándose por varios ríos silábicos, pero siempre volviendo a su cauce original. Este retorno hacia la frescura y la complejidad de la imagen es la señal precisa de una poesía saludable y renovada. Es decir, la búsqueda de la imagen primigenia, el retorno hacia esa limpieza compleja del primer espejo de la infancia y de las primeras visiones comprueban su originalidad: "Está mi infancia en esta costa, / bajo el cielo tan alto". Desde esta planicie el agua va a estar retornando a sus poemas constantemente. El agua vuelve, porque el agua es "inundación" y la sal es "llaga". En circunstancias el agua llega a ser un elemento legible, y hasta su aparente transparencia se puede leer como un texto: "otras veces es agua/delgada o gruesa/ilegible". O en otras ocasiones la fluidez es transformativa: "Como las líneas de tu mano/por donde corren ríos inmemoriales...".

Por instantes, el agua parece estar presente intangiblemente en la naturaleza, y en otros momentos el agua se personaliza en un rostro: "El agua de tu rostro/en un rincón del jardín, / el más oscuro del verano, /canta como la luna". El agua se multiplica y conceptualiza diversos elementos de su poética. Primero, puede ser la línea delgada que recubre el mar en la costa (una línea, un verso, un renglón, un tropo), o el agua que se divisa tras el horizonte. Por otro lado, puede ser semiótica y puede estar textualizada. Y también llega a la imagen del cuerpo, a través del rostro del amado. Esta transfiguración sugiere la imagen de la inundación y del desbordamiento. La inundación proviene del poder lunar y se fusiona con el agua (del mar, del río, de las lágrimas) para concentrarse en el ensueño y la memoria. Como se puede observar, sus primeros poemas nos hablan del perfil de la costa, mucha agua llena de palabras, un lenguaje salado y enérgico que busca su morada a ciegas. Su visión no tiende hacia ningún enajenamiento sino por el contrario es una búsqueda de la razón de la vida en sus distintos planos de actividad.

Lo excepcional de esta poética es que gira en contra de las teorías vacías de los que piensan que cuando el poeta madura se torna más oscuro. Varela parte de su conciencia frente al lenguaje, y desde esa plenitud recrea la realidad, y hace visible la trama de su poesía. El camino a Babel pasa, atraviesa el tiempo, no se queda en él para hacer historia ni recuento: pasa otra vez, lo deforma, y vuelve a la naturaleza. Por otro lado, dentro de su actividad discursiva terrestre y lunar, se observa la práctica de diversas formas poéticas.

En sus primeros libros inicia su trayecto con versos que tienden a la verticalidad, y de pronto, poemas en prosa, y vuelta al verso vertical, al poema largo, y la concisión de la brevedad. Es toda una caja de resonancias. En uno de sus mejores poemas "Camino a Babel" el recorrido es hacia el todo y la nada. Es un proceso de transfiguraciones que se van prolongando a lo largo del texto. La primera esfera es el lenguaje y el universo. Su tesón es la figura del mundo y de un hablante que vuela y aterriza en los exteriores de la urbe, en los interiores de la razón, y en los recovecos de la imagen de la casa. Allá Baudelaire, Sartre, aquí Vallejo. Son siete cantos que suben y bajan caminando hacia la nada del poema, porque según la concepción de Blanca Varela, el poema es un artefacto que está imantado por la naturaleza, el cuerpo y el lenguaje.

Su poesía no se parece a ninguna otra, si comenzamos, por ejemplo, a rastrear el poder verbal de Vallejo; diríamos que, en Vallejo, la casa y la imagen familiar (la niñez) tienen otra contextualización: su centro es la soledad y el vacío del lenguaje, la pérdida de tiempo del habla. Ahí sus sombras en Los heraldos negros (1919), y su refulguración en Trilce (1922) donde abunda esa fugacidad existencial, pero sobre todo el reencuentro con el espíritu y la soledad de la palabra poética. En Blanca Varela hay "un caos bullendo". Lo novedoso es que aquí no hay olvido, no hay una huella ni un desdén o una memoria que el hablante desee retomar para sobrevivir. Blanca Varela tiene un ritmo que desarticula cualquier imagen fácil, esto se comprueba en el poema "Flores para el oído" donde el mundo es un eco de rosas, un sonido en la calle, un escuchar con cautela. Su poesía ha dejado un rigor enorme, difícil de imitar. En ella se combinan notablemente el resplandor (degollado) y el enigma de la palabra, formando un equilibrio que entretejen sus valses (criollos) y sus falsas confesiones. Ella creía firmemente que la música popular es otra forma de hacer poesía. Versos largos o breves como luces controladas, poemas en prosa abriéndose al corazón sin tiempo continúan con esta música interior. Blanca Varela dijo en una entrevista con Claudia Posadas: "La música del poema es lo que va dando la respiración. Es algo que vibra en lo más profundo cuando escribo, más que buscar en lo exterior, busco armonía en el interior…la respiración del poema es el oxígeno del alma". Su respiración es la vida que se bebe todo el oro de la poesía. Razón de sobra tenía Octavio Paz cuando se refirió a la poesía de Blanca Varela, como una "poesía contenida, pero explosiva, una poesía de rebelión":

Al despertar
me sorprendió la imagen que perdí ayer.
El mismo árbol en la mañana
y en la acequia
el pájaro que bebe
todo el oro del día.

Estamos vivos,
quién lo duda,
el laurel, el ave, el agua
y yo,
que miro y tengo sed.

Ese puerto existe
(1949-1959)

PUERTO SUPE

a J.B.

Está mi infancia en esta costa,
bajo el cielo tan alto,
cielo como ninguno, cielo, sombra veloz,
nubes de espanto, oscuro torbellino de alas,
azules casas en el horizonte.

Junto a la gran morada sin ventanas,
junto a las vacas ciegas,
junto al turbio licor y al pájaro carnívoro.

¡Oh, mar de todos los días, mar montaña,
boca lluviosa de la costa fría!

Allí destruyo con brillantes piedras
la casa de mis padres,
allí destruyo la jaula de las aves pequeñas,
destapo las botellas y un humo negro escapa
y tiñe tiernamente el aire y sus jardines.

Están mis horas junto al río seco,
entre el polvo y sus hojas palpitantes,
en los ojos ardientes de esta tierra
adonde lanza el mar su blanco dardo.
Una sola estación, un mismo tiempo
de chorreantes dedos y aliento de pescado.
Toda una larga noche entre la arena.

Amo la costa, ese espejo muerto
en donde el aire gira como loco,
esa ola de fuego que arrasa corredores,
círculos de sombra y cristales perfectos.

Aquí en la costa escalo un negro pozo,
voy de la noche hacia la noche honda,
voy hacia el viento que recorre ciego
pupilas luminosas y vacías,
o habito el interior de un fruto muerto,
esa asfixiante seda, ese pesado espacio
poblado de agua y pálidas corolas.
En esta costa soy el que despierta
entre el follaje de alas pardas,
el que ocupa esa rama vacía,
el que no quiere ver la noche.
Aquí en la costa tengo raíces,
manos imperfectas,
un lecho ardiente en donde lloro a solas.

Una ventana

Vuelvo a contar mis dedos.
(La flor helada, la desconocida cabeza que me acecha
  se descuelga y da voces.)
Yo miro las paredes y sus frutos redondos y veloces,
hago cálculos, sumo piedras, cenizas, nubes
y árboles que persiguen a los hombres
y perlas arrancadas de malignos estanques
o de negros pulmones sepultados
y horriblemente vivos.

La araña que desciende a paso humano me conoce,
dueña es de un rincón de mi rostro,
allá anida, allí canta hinchada y dulce
entre su seda verde y sus racimos.
Afuera, región donde la noche crece,
yo le temo,
donde la noche crece
y cae en gruesas gotas,
en mortales relámpagos.
Afuera, el pesado aliento del buey,
la vieja fiebre de alas rojas,
la noche que cae
como un resorte oscuro sobre un pecho.

CARTA

Fruto abierto que el aire no corrompe,
hoja sin mella, jamás ennegrecida,
hacia ti va la sangre
y vuelve sin peligro,
sin puentes,
en ti reposa el pensamiento.

Reloj solar,
noble colorante,
estío de mi casa,
por ti se educa al lobo
y se devuelve el roedor a su nido.

Hermana,
tu rostro blanco, cerrado,
sin historia aparente,
tú, la exacta, inmóvil,
pura referencia.

MEDIODÍA

A José María Arguedas

Todo está preparado para el sacrificio.
La res muge en el templo de adobe.
Lágrima dura y roja,
canchales de fuego,
silencio y olor fuerte de girasol,
de gallos coronados.

Ni una hoja caerá,
sólo la especie cae,
y el fruto cae envenenado por el aire.

No hay centro,
son flores terribles
todos estos rostros clavados en la piedra,
astros revueltos, sin voluntad.

Ni una hora de paz en este inmenso día.
La luz crudelísima devora su ración.

El mar está lejano y solo,
la tierra impura y vasta.

Divertimento

Playa nocturna
donde el sol llega caminando sobre sus manos,
fresco, cabalgando como el viejo caballo de la plaza
todo de madera y rojo,
como un campanario sobre el mar y sus estatuas,
claros apóstoles con la boca abierta
y el paladar negro de tanto hablar con Dios
y de beberlo en la mañana
a verdes tragos,
sorprendiéndolo entre las gaviotas,
porque él es el pingüino macho de ojos salados
o la vieja tortuga
cuyo amor ilumina el bosque.

Y llega el sol
y el dolor en la playa es una mujer con barbas,
el esfuerzo pasado,
y no este piano en la arena
ni Mozart desnudo
como una niña arrebatada y libre
jugando al escondite con su sombra
y con la sombra de todos
y con la muerte
que se deshace en sonrisas en este falso jardín,
en el único día,
el inesperado,
el que cae como una manzana sobre la cabeza.

¡Voilà! Soy dulce, dice,
pero mañana romperemos el espejo,
robaremos al ladrón,
educaremos al demonio,
y el tiempo vuela,
y Mozart vuela

y no vuelve sino a oscuras
espectral y terrible
en asambleas de hombres tristes.

Escuchemos al caballo,
matemos al apóstol,
y amémonos sólo así,
con la boca abierta y tan jóvenes,
estudiando al pingüino,
muy lejos del tormento
y del cielo colosal e inflexible.

Destiempo

I

Se fue el día,
las escamas del sueño giran.

Todo desciende,
la noche es el tedio.
En el desierto, a oscuras,
temerosa del amor
la ostra llora a solas.

Caen las lívidas hojas de tu frente,
te alejas, negra burbuja sin destino.

Se abren súbitamente mil calles,
arrecifes en llamas
retienen tu cuerpo helado como una lágrima,
nada te hiere,
el coral clava su garra en tu sombra,
tu sangre se desliza, inunda praderas,
salta de las ventanas como un rojo sonido
todo esto no es sino el otoño.

II

Estréchame las manos,
la única luz que nos queda,
no me dejes olvidada
en la cima de una ola.

Aléjate.

Aparten ese frío paisaje de cipreses,

escombren esos náufragos que ocultan el horizonte.

La vida es una noticia conmovedora.

Atravieso el desierto,
la terrible fiesta en el centro de un cielo derribado.
Estoy casi olvidando.

Luz del día

(1960-1963)

Luz del día

Del orden de las cosas

A Octavio Paz

Hasta la desesperación requiere un cierto orden. Si pongo un número contra un muro y lo ametrallo soy un individuo responsable. Le he quitado un elemento peligroso a la realidad. No me queda entonces sino asumir lo que queda: el mundo con un número menos.

El orden en materia de creación no es diferente. Hay diversas posturas para encarar este problema, pero todas a la larga se equivalen. Me acuesto en una cama o en el campo, al aire libre. Miro hacia arriba y ya está la máquina funcionando. Un gran ideal o una pequeña intuición van pendiente abajo. Su única misión es conseguir llenar el cielo natural o el falso.

Primero se verán sombras y, con suerte, uno que otro destello; presentimiento de luz, para llamarlo con mayor propiedad. El color es ya asunto de perseverancia y de conocimiento del oficio.

Poner en marcha una nebulosa no es difícil, lo hace hasta un niño. El problema está en que no se escape, en que entre nuevamente en el campo al primer pitazo.

Hay quienes logran en un momento dado ponerlo todo allí arriba o aquí abajo, pero ¿pueden conservarlo allí? Ése es el problema.

Hay que saber perder con orden. Ése es el primer paso. El abc. Se habrá logrado una postura sólida. Piernas arriba o piernas abajo, lo importante, repito, es que sea sólida, permanente.

Volviendo a la desesperación: una desesperación auténtica no se consigue de la noche a la mañana. Hay quienes necesitan toda una vida para obtenerla. No hablemos de esa pequeña desesperación que se enciende y apaga como una luciérnaga. Basta una luz más fuerte, un ruido, un golpe de viento, para que retroceda y se desvanezca.

Y ya con esto hemos avanzado algo. Hemos aprendido a perder conservando una postura sólida y creemos en la eficacia de una desesperación permanente.

Recomencemos: estamos acostados bocarriba (en realidad la posición perfecta para crear es la de un ahogado semienterrado en la arena). Llamemos cielo a la nada, esa nada que ya hemos conseguido situar. Pongamos allí la primera mancha. Contemplémosla fijamente. Un pestañeo puede ser fatal. Este es un acto intencional y directo, no cabe la duda. Si logramos hacer girar la mancha convirtiéndola en un punto móvil el contacto estará hecho. Repetimos: desesperación, asunción del fracaso y fe.

Este último elemento es nuevo y definitivo.

Llaman a la puerta. No importa. No perdamos las esperanzas. Es cierto que se borró el primer grumo, se apagó la luz de arriba. Pero se debe contestar, desesperadamente, conservando la posición correcta (bocarriba, etc.) y llenos de fe: ¿quién es?

Con seguridad el intruso se habrá marchado sin esperar nuestra voz. Así es siempre. No nos queda sino volver a empezar en el orden señalado.

Tú y yo caminando por estos mismos lugares. ¿Acaso es cierto? Teníamos que caminar exactamente treinta pasos para alcanzar las gradas y descender los cien peldaños, los cien peldaños que tenían mil años. ¿Acaso es cierto?

Abajo estaba todo lo que teníamos que alcanzar: nombres, palabras, cifras, horas de sombra, horas de luz, estaciones.

¡Qué compañía era tu mano, qué sombra –mi sombra– era tu cuerpo, unido a tu mano, siguiendo mi cuerpo; entre otras sombras y otros cuerpos! Siempre más lejos, sorteando la negra charca, la ululante canción de la urbe. Tú, hundido hasta la cintura; tú en lo alto, delgado, girando, pararrayos, terriblemente al rojo, dormido de pronto, lanzado a la oscuridad, tren fantasma, pitada colosal, alba de faro, cuarto de hotel. Tú.

Aquí estoy, aquí estoy en la calzada, comprando flores destinadas a morir.

Salúdame, señor, hombre gordo; señorita, mueve tu cuerpo, que parezcas viva, agita tu cabello de cartón en el aire de la muerte; que suenen tus pulseras, tu risa; abre las piernas, si puedes, y que la luz penetre tu vientre y seas una lámpara silbando en el túnel desierto.

No hay nada aquí, nada más allá. Por ello toma a tu pareja de la cintura y trata de no ser bailando, amando, lo que crees que eres tú; esa continuidad, silencio y oquedad y ruido entre ambos y ruido de arena que cae cuando dormida, apenas recién nacida, era el aire separándose, negro y blanco, negro y blanco, un papel sobre el rostro humedeciéndose con la respiración.

No respires sobre la memoria. Jardines de ceniza, hotel de muros frágiles, pirámides de gas, ordenada, simétrica desaparición hasta cuatro, tres, dos, uno, cero.

¿Volveremos tú y yo a recorrer estos mismos lugares?

¿Acaso es cierto?

Ascendemos los peldaños y será lo mismo. Y luego, sed y dolor.

Tomemos un café en esta cripta de neón. Como una cinta ruedan las palabras de tus labios imprimiéndose en mi memoria que pronto no será.

Siéntate conmigo en esta plaza fantasma, en esta ciudad fantasma y contemos todas las luces, no solo las que iluminan este fracaso sino las posibles.

¿Por qué no también la de esa estrella que será destruida mañana, reducida a una cifra en la negra pizarra celeste?

Suena un timbre, una sirena. Puerta giratoria por donde entro y salgo siempre al mismo lugar; escalera mecánica donde descubro que perdí las piernas hace tiempo en una guerra donde no estuve. ¿Fue una granada o una mirada de ira? Lo cierto es que aquí, en medio de la calle, agito mi campanilla de leproso y canto con una voz gangosa, de lázaro, las bellezas de la vida.

Sus finos zapatos de piel de culebra la llevan hasta mí y con mi dedo que es una aguja de metal, negra, perfecta, infalible, le muestro la carroña, el techo de desperdicios, la ulcerada nariz del poeta, y le digo una vez más a ella, a mi espantada sombra, que me acompañe un día más y un día más y un día.

Murió entre sus brazos, no sin mirarlo antes profundamente. ¿Todo estaba perdido? No. El día hacia ruido, ocupaba todo. Devolvía lo perdido ayer para siempre. Ya no había estrellas y hacía un calor de verano.

Lo muerto, muerto está. Hay que sembrar violetas alrededor de la tumba. Pronto vendrá el hielo y un cadáver sin flores es un fracaso.

Lo que miraba no existe más. Solo un fardo de seda y un rumor en la noche de la carne.

La vida trabaja en la muerte con una convicción admirable. ¡Qué ejércitos, qué legiones, qué rebaños combatiendo y pastando en ese campo de hielo y silencio!

Cada cual cobrará su pieza y las violetas tendrán lo suyo: azul profundo de una mirada definitivamente perdida. Y la tierra, el rojo de la sangre detenida. Y el aire, ahíto del festín, el vuelo seguro de quien sabe cerrar todas las puertas.

En lo más negro del verano

El agua de tu rostro
en un rincón del jardín,
el más oscuro del verano,
canta como la luna.

Fantasma.
Terrible a mediodía.
A la altura de los lirios
la muerte sonríe.
Sobre una pequeñísima charca,
ojo de dios,
un insecto flota bocarriba.
La miel silba en su vientre
abierto al dedo del estío.

Todo canta a la altura de tu rostro
suspendido como una luz eterna
entre la noche y la noche.

Canta el pantano,
arden los árboles,
no hay distancia,
no hay tiempo.

El verano trae lo perdido,
el mundo es esta calle de fuego
donde todas las rosas caen y vuelven a nacer,
donde los cuerpos se consumen
enlazados para siempre
en lo más negro del verano.

En un rincón del jardín
bajo una piedra canta el verano.
En lo más negro,
en lo más ciego y blanco,
donde todas las rosas caen,
allí flota tu rostro,
fantasma,
terrible a mediodía.

BODAS

Perdidos en la niebla
el colibrí y su amante.
Dos piedras lanzadas por el deseo
se encuentran en el aire.

La retama está viva,
arde en la niebla,
habitada.

Parque

Cruza la araña
de sueño a sueño,
invisible puente
del día a la rama.

Torpeza de la mosca,
cristal sin alma.
El abejorro bebe,
la flor sangra.

El jardín es la muerte
tras la ventana.

Epitafio

Esto es hoy,
algo perdido.

Brilla el césped.
Cae una hoja
y es como la señal esperada
para que vuelvas de la muerte
y cruces con resplandor
y silencio de estrella
mi memoria.

Alba

Al despertar
me sorprendió la imagen que perdí ayer.
El mismo árbol en la mañana
y en la acequia
el pájaro que bebe
todo el oro del día.

Estamos vivos,
quién lo duda,
el laurel, el ave, el agua
y yo,
que miro y tengo sed.

Siempre

No eres tú.
Siempre yo.
Casa, árbol, dolor,
ventana, pan, baile, temor.
Siempre yo.
Siempre saliéndome al paso.

NO ESTAR

No estar. No estar. No estar.
Un reflejo a la entrada de la cueva,
la carrera en medio del día,
la manada invisible,
la nube de polvo.

Desde el fondo tirar la red.
¿Quién cae? ¿Quién vive?
Esto es la noche. Esto soy yo.
No quiero ver las estrellas,
no quiero ver lo que ha de morir,
ni imaginar tu rostro
ni moverme hacia lo que amo.

Inmóvil tras mi cuerpo soy un río que crece,
que avanza en la noche.

Tiempo, rostro de limo, espejo trizado.
Repite este aire caliente que gira,
hazlo una piedra,
un círculo en el agua que me devora.
Lánzame mil veces de espaldas, despéñame,
lléname de ojos,
devuélveme mis palabras,
mis pensamientos, más violentos que la luz.

Recuerdos donde tú eres yo
y haces el mismo gesto de amor en la oscuridad.

Voy hacia la ventana,
me asomo al día negro y allí estoy,

al centro de la tiniebla.
Algo roto, sustancia herida,
desgarrón luminoso súbitamente borrado,
calor apartado de los labios, luz ambigua,
noche de fuego y hielo, silencio,
muro de ecos, ser de espaldas.

¿Cómo fue ayer aquí?
Sólo hemos alcanzado estos restos,
el vaso que ilumina con su lejano y obstinado silencio,
el pájaro herido en el esmalte al alcanzar el fruto.

Llegamos con la puntual indiferencia del nuevo día,
saltando sobre la desgracia con precisión de atletas.
Hemos dormido bajo las estrellas,
hemos perdido el tiempo.

Parcas, Ancón, Chavín de Huantar.
Éstas son las palabras del canto.

¿Cómo fue ayer aquí?
No hablemos de dolor entre ruinas.
Es más que la palabra,
en el aire de todas las palabras,
el aliento humano hecho golpe en la piedra,
sangre en la tierra,
color en el vacío.

Yace aquí,
entre tumbas sin nombre,
escrito en el harapo deslumbrante,
roja estrella en el fondo del cántaro.

Por el mismo camino del árbol y la nube,
ambulando en el círculo roído por la luz y el tiempo.
¿De qué perdida claridad venimos?

ALLA PRIMA

*"Para un principiante la técnica de
los viejos maestros se representa
como algo muy misterioso".*

Ni siquiera el rojo de labios y mejillas.
Ni siquiera el ruido del agua cayendo,
cayendo en la oscuridad.
Como si la lluvia fuera sólo para ti
y la vida sólo para ti
y la muerte el comienzo
de la inocencia.

*(Al final,
a breve plazo,
cada color
se tornará más oscuro).*

Morirse como cualquier invierno.
Árbol sin hojas.

Pía el impío en la rama de mármol.

Cuánto gris se necesita para morir,
todo para aumentar la luminosidad de un rojo,
de un largo, imposible verano.
Sin embargo el azul del cielo,
detrás de los negros cipreses,
de las blancas cúpulas,
(Florencia siempre),
se agrieta como la cáscara de un huevo.

¿Falta de amor
o haber mirado demasiado
con una estúpida,

fija pupila
de cuarzo
el mundo?

Victoria

Volver el rostro,
no por demasiado tiempo.

¿Fue el ocaso de siempre
o un alba dejada atrás?

Amor,
paisaje que el tiempo corrige sin tregua.

La primavera es breve
a ambos lados del camino.

Valses y otras falsas confesiones
(1964-1971)

No sé si te amo o te aborrezco
como si hubieras muerto antes de tiempo
o estuvieras naciendo poco a poco
penosamente de la nada siempre.

Porque es terrible comenzar nombrándote
desde el principio ciego de las cosas
con colores con letras y con aire.

Violeta rojo azul amarillo naranja
melancólicamente
esperanzadamente
absurdamente
eternamente.

*Una mujer joven y su hija muy pequeña (las recuerdo
perfectamente, la niña tenía un abrigo rojo sucio y pesadas
botas de goma) me empujaron para ser las primeras en
presenciar el espectáculo.*

*Yo estaba en Bleeker Street, con un pan italiano bajo el
brazo. Primero escuché sirenas, luego cerraron la calle que
dejé atrás. Alguien se había arrojado por una ventana.*

Seguí caminando. No pude evitarlo. Iba cantando.
"Mi noche ya no es noche por lo oscura"
*A unos cuantos pasos de esa esquina, de esa casa, bajo
esa misma ventana alta y negra, la noche anterior había
comprado salchichas y cebollas. Era una noche muy fría,
tres muchachas tocaban jazz en la acera y un escocés con
barba, un escocés auténtico, llevaba por el talle a una
menuda japonesa. Parecían verdaderamente enamorados.*

*Esta mañana también era muy fría. Había nieve sucia,
irreconocible. Un ebrio dormía profundamente, como un
ángel, en la escalera de un sótano. Al lado, en la vitrina
de una tienda de modas, un formidable sol de cartón
sonreía.*

Vienes entonces desde mis entrañas
como un negro dulcísimo resplandor
así de golpe.
Un río de colores entre sombras
sombras que me deslumbran
colores que me ciegan
criaturas del alma.
Naces como una mancha voraz en mi pecho
como un trino en el cielo
como un camino desconocido.
Mas luego retrocedes te agazapas
y saltas al vacío
y me dejas al filo del océano
sin sirenas en torno
nada más que el inmundo el bellísimo azul
el inclemente azul
el deseo.

"Juguete del destino"

> *El negro me dio alcance.*
> *—Give me a quarter.*
> *—No hablo inglés, no tengo plata.*
> *La palma de su mano extendida era rosada y la*
> *línea de su vida parecía un corte, una cicatriz que*
> *se perdía bajo el puñal deshilachado.*
> *—No entiendo,*
> *—Give me Money… Son of a bitch.*
> *Me alejé. Se quedó parado, con las piernas abiertas,*
> *hundidas entre la nieve sucia, maldiciéndome.*
> *Al voltear la esquina encontré la plaza desierta.*

"Tu débil hermosura"

Hedores y tristeza
devorando paraísos de arena
sólo este subterráneo perfume

de lamento y guitarras
y el gran dios roedor
y el gran vientre vacío.
(¿Cuál de tus rostros amo
cuál aborrezco?
¿Dónde nací
en qué calle aprendí a dudar
de qué balcón hinchado de miseria
se arrojó la dicha una mañana
dónde aprendí a mentir
a llevar mi nombre de seis letras negras
como un golpe ajeno?)

Había un sol débil en Washington Square, muy débil.
Los árboles parecían alambres retorcidos y luego estirados
a la fuerza; como si los hubieran puesto entre dos vidrios
amarillos. Desde lejos me hacían pensar en delicadas
columnas vertebrales de insectos. Bonita cosa: huesos de
insectos. El bar que había frente a casa estaba cerrado
con un inmenso candado negro. Me di cuenta de que era
domingo.

Siempre amé lo confieso
tus paredes aladas transparentes
con enredaderas de campanillas
como en Barranco cuando niña
miraba a una pareja besarse bajo un árbol.

Tras la ventana adorada de mi fiebre
mi enfermedad llena de espejos
donde yo era todo a un tiempo
el árbol la caricia
la sombra que ocultaba el rostro de los amantes
y la tarde abriéndose como una fruta otoñal
sobre el acantilado a la izquierda
como para enseñarme que el crepúsculo
llega primero al lado del corazón.

Hogueras en un huerto
donde las horas danzaban sin prisa.
El minuto era eterno.
¡Qué misteriosas voces!
¿Por qué cantaban entonces?

*Esperé que cambiara la luz. Ningún auto venía. Sólo un
ciclista pasó cantando muy fuerte, con voz de tenor. Tenía
anteojos, una bufanda roja que flotaba, y la voz salía
como humo de su boca. La escuché hasta que se perdió,
cada vez más delgada y clara, en la larga y estrecha calle
de depósitos clausurados.*

*La última palabra que escuché fue corazón. Era una
canción de Frank Sinatra.*

*La plaza continuaba desierta. Miento. Muy lejos, casi
junto al arco, exactamente entre la fuente y el arco,
caminaba un ciego. Me di cuenta de que era ciego porque
llevaba un bastón blanco y tenía el aire de no ir a ninguna
parte. Me puse los anteojos para ver bien al ciego.
No me había equivocado, estaba dando vueltas alrededor
de la fuente.*

"En tu recuerdo vivo"

Desde lejos bajo el cielo del alma
donde nacen palabras que el amor ilumina
desde allí acostumbraba a cubrirte de joyas
hiriendo tu invisible descolorido seno
con mis dardos de fuego.

Con qué dulzura apartaba
ese velo de lágrimas ausentes
y descubría tu apretada boca
imaginando tu risa
el alba frente al puerto
las gaviotas tu bienvenida

el sol recién nacido
y los viejos perfumes del mar.

Todo era tuyo en ese cielo
maderas roja sal y un abrazo
de negras cuerdas que el viento rasga sin prisa.
Y peces y estrellas y medusas
y alguna barca con un nombre de niña
y la isla nacida tras el salto del bufeo.

*Crucé la calle y sentí que el cielo era más oscuro a mi
derecha. A ese lado las torres más altas de Wall Street
parecían dibujadas con carbón, en un solo plano gris
lavado con delicadas manchas amarillas y rosas.
Cuestión de óptica, parecían un decorado de teatro.
    Sabía que estaban muy lejos y, sin embargo, me parecía
también que se inclinaban peligrosamente sobre mi
cabeza.
    Las puertas de vidrio giraron y reflejaron todo: la plaza,
el sol débil, las torres, el bar cerrado, el semáforo.*

— Good morning Mrs. Szyszlo.
— Buenos días, Joe.
— Nice weather!
— Sí, Joe. Es un lindo día.

Hoy prisionera en tu vértigo gris
dentro de ti
no sé si te amo o si aborrezco
el rosa exangüe de tu carne
tu degollado resplandor
el río de ojos muertos que jamás te posee
su polvorienta melodía de guijarros
el verano de frutas corrompidas
tus llagas sin cubrir
el negro milagro de tu frente
hinchado de vacío

mendiga que me acosas con el corazón en los dientes
acusándome del crimen cometido en sueños.
No sé si te amo o te aborrezco
porque vuelvo
sólo para nombrarte desde adentro
desde este mar sin olas
para llamarte madre sin lágrimas
impúdica
amada a la distancia
remordimiento y caricia
leprosa desdentada
mía.

Vals del Ángelus

Ve lo que has hecho de mí, la santa más pobre del museo, la de la última sala, junto a las letrinas, la de la herida negra como un ojo bajo el seno izquierdo.

Ve lo que has hecho de mí, la madre que devora sus crías, la que se traga sus lágrimas y engorda, la que debe abortar en cada luna, la que sangra todos los días del año.

Así te he visto, vertiendo plomo derretido en las orejas inocentes, castrando bueyes, arrastrando tu azucena, tu inmaculado miembro, en la sangre de los mataderos. Disfrazado de mago o proxeneta en la plaza de la Bastilla —Jules te llamabas ese día y tus besos hedían a fósforo y cebolla. De general en Bolivia, de tanquista en Vietnam, de eunuco en la puerta de los burdeles de la plaza México.

Formidable pelele frente al tablero de control; grand chef de la desgracia revolviendo catástrofes en la inmensa marmita celeste.

Ve lo que has hecho de mí.

Aquí estoy por tu mano en esta ineludible cámara de tortura, guiándome con sangre y con gemidos, ciega por obra y gracia de tu divina baba.

Mira mi piel de santa envejecida al paso de tu aliento, mira el tambor estéril de mi vientre que sólo conoce el ritmo de la angustia, el golpe sordo de tu vientre que hace silbar al prisionero, al feto, a la mentira.

Escucha las trompetas de tu reino. Noé naufraga cada mañana, todo mar es terrible, todo sol es de hielo, todo cielo es de piedra.

¿Qué más quieres de mí?

Quieres que ciega, irremediablemente a oscuras deje de ser el alacrán en su nido, la tortuga desollada, el árbol bajo el hacha, la serpiente sin piel, el que vende a su madre con el primer vagido, el que sólo es espalda y jamás frente, el que siempre tropieza, el que nace de rodillas, el viperino, el potroso, el que enterró sus piernas y está vivo, el dueño de la otra mejilla, el que no sabe amar como a sí mismo porque siempre está solo. Ve lo que has hecho de mí. Predestinado estiércol, cieno de ojos vaciados.

Tu imagen en el espejo de la feria me habla de una terrible semejanza.

Ejercicios

I

Un poema
como una gran batalla
me arroja en esta arena
sin más enemigo que yo

yo
y el gran aire de las palabras

II

miente la nube
la luz miente
los ojos
los engañados de siempre
no se cansan de tanta fábula

III

terco azul
ignorancia de estar en la ajena pupila
como dios en la nada

IV

pienso en alas en fuego en música
pero no
no es eso lo que temo
sino el torvo juicio de la luz

SECRETO DE FAMILIA

soñé con un perro
con un perro desollado
cantaba su cuerpo su cuerpo rojo silbaba
pregunté al otro
al que apaga la luz al carnicero
qué ha sucedido
por qué estamos a oscuras

es un sueño estás sola
no hay otro
la luz no existe
tú eres el perro tú eres la flor que ladra
afila dulcemente tu lengua
tu dulce negra lengua de cuatro patas

la piel del hombre se quema con el sueño
arde desaparece la piel humana
sólo la roja pulpa del can es limpia
la verdadera luz habita su legaña
tú eres el perro
tú eres el desollado can de cada noche
sueña contigo misma y basta

CANTO VILLANO

y de pronto la vida
en mi plato de pobre
un magro trozo de celeste cerdo
aquí en mi plato

observarme
observarte
o matar una mosca sin malicia
aniquilar la luz
o hacerla

hacerla
como quien abre los ojos y elige
un cielo rebosante
en el plato vacío

rubens cebollas lágrimas
más rubens más cebollas
más lágrimas

tantas historias
negros indigeribles milagros
y la estrella de oriente
emparedada

y el hueso del amor
tan roído y tan duro
brillando en otro plato

este hambre propio
existe

es la gana del alma
que es el cuerpo

es la rosa de grasa
que envejece
en su cielo de carne

mea culpa ojo turbio
mea culpa negro bocado
mea culpa divina náusea

no hay otro aquí
en este plato vacío
sino yo
devorando mis ojos
y los tuyos

Flores para el oído

En todas partes hay flores
acabo de descubrirlo escuchando
flores para el oído
lentas silenciosas apresuradas
flores
para el oído

caminando por la calle
que un hombre rompe con un taladro
sentí el horror de la primavera
de tantas flores
          abriéndose en el aire
y cerrándose
de tantos ecos
          negros rizados pétalos
arrastrándose
          hasta el borde del mar de tierra
           recién abierto
sé que un día de estos
          acabaré en la boca de alguna flor

el ratón te contempla extasiado
la araña no se atreve a descender ni un
                    milímetro más a la tierra
el café es un espectro azul sobre
                la hornilla
dispuesto a desaparecer para siempre

oh sí querida mía
son las siete de la mañana
levántate muchacha
recoge tu pelo en la fotografía
descubre tu frente tu sonrisa
sonríe al lado del niño que se
                te parece

oh sí lo haces como puedes
y eres idéntica a la felicidad
que jamás envejece

quédate quieta
allí en ese paraíso
al lado del niño que se te parece
son las siete de la mañana
es la hora perfecta para comenzar
a soñar

el café será eterno
y el sol eterno
si no te mueves

si no despiertas
si no volteas la página
en tu pequeña cocina
frente a mi ventana

Monsieur Monod no sabe cantar

querido mío
te recuerdo como la mejor canción
esa apoteosis de gallos y estrellas que ya no eres
que ya no soy que ya no seremos
y sin embargo muy bien sabemos ambos
que hablo por la boca pintada del silencio
con agonía de mosca
al final del verano
y por todas las puertas mal cerradas
conjurando o llamando ese viento alevoso de la memoria
ese disco rayado antes de usarse
teñido según el humor del tiempo
y sus viejas enfermedades
o de rojo
o de negro
como un rey en desgracia frente al espejo
el día de la víspera
y mañana y pasado y siempre
noche que te precipitas
(así debe decir la canción)
cargada de presagios
perra insaciable *(un peu fort)*
madre espléndida *(plus doux)*
paridora y descalza siempre
para no ser oída por el necio que en ti cree
para mejor aplastar el corazón
del desvelado
que se atreve a oír el arrastrado paso
de la vida
a la muerte
un cuesco de zancudo un torrente de plumas
una tempestad en un vaso de vino
un tango

el orden altera el producto
error del maquinista
podrida técnica seguir viviendo tu historia
al revés como en el cine
un sueño grueso
y misterioso que se adelgaza
the end is the beginning
una lucecita vacilante como la esperanza
color clara de huevo
con olor a pescado y mala leche
oscura boca de lobo que te lleva
de Cluny al Parque Salazar
tapiz rodante tan veloz y tan negro
que ya no sabes
si eres o te haces el vivo
o el muerto
y sí una flor de hierro
como un último bocado torcido y sucio y lento
para mejor devorarte

querido mío
adoro todo lo que no es mío
tú por ejemplo
con tu piel de asno sobre el alma
y esas alas de cera que te regalé
y que jamás te atreviste a usar
no sabes cómo me arrepiento de mis virtudes
ya no sé qué hacer con mi colección de ganzúas
y mentiras
y con mi indecencia de niño que debe terminar este
                                        cuento

ahora que ya es tarde
porque el recuerdo como las canciones
la peor la que quieras la única
no resiste otra página en blanco
y no tiene sentido que yo esté aquí
destruyendo lo que no existe

querido mío
a pesar de eso
todo sigue igual
el cosquilleo filosófico después de la ducha
el café frío el cigarrillo amargo el Cieno Verde
en el Montecarlo
sigue apta para todos la vida perdurable
intacta la estupidez de las nubes
intacta la obscenidad de los geranios
intacta la vergüenza del ajo
los gorrioncitos cagándose divinamente en pleno cielo
  de abril
Mandrake criando conejos en algún círculo del infierno
y siempre la patita de cangrejo atrapada
en la trampa del ser
o del no ser
o de no quiero esto sino lo otro
tú sabes
esas cosas que nos suceden
y que deben olvidarse para que existan
verbigracia la mano con alas
y sin mano
la historia del canguro —aquélla de la bolsa o la vida—
o la del capitán encerrado en la botella
para siempre vacía
y el vientre vacío pero con alas
y sin vientre
tú sabes
la pasión   la obsesión
la poesía   la prosa
el sexo   el éxito
o viceversa
el vacío congénito
el huevecillo moteado
entre millones y millones de huevecillos moteados
tú y yo
you and me

toi et moi
tea for two en la inmensidad del silencio
en el mar intemporal
en el horizonte de la historia
porque ácido ribonucleico somos
pero ácido ribonucleico enamorado siempre

Media voz

la lentitud es belleza
copio estas líneas ajenas
respiro
acepto la luz
bajo el aire ralo de noviembre
bajo la hierba sin color
bajo el cielo cascado y gris
acepto el duelo
y la fiesta

no he llegado
no llegaré jamás
en el centro de todo está el poema
intacto sol
ineludible noche

sin volver la cabeza
merodeo su luz
su sombra
animal de palabras
husmeo su esplendor
su huella
sus restos
todo para decir
que alguna vez estuve
atenta
desarmada
sola
casi en la muerte
casi en el fuego

Camino a Babel

I

un alma sí un alma que anduvo por las ciudades
vestida de perro y de hombre
un alma de gaznápiro

pájaro errante que acostumbra anidar
a la intemperie a la hora precisa de
las catástrofes y de las grandes migraciones

pájaro de la urbe
pájaro de la cocina
escoria azul de la mañana que interrumpe
nuestras meditaciones nocturnas

un súbito un impensado un imperioso cacareo
de pajarraco solar encaramado en el árbol mañanero
que destila café instantáneo
y angustia

hiel áurea amarga conciencia ausencia
automática de dios inminencia de la mirada
extraña y delimitadora
orfandad amorosa

II

si yo encontrara un alma como la mía
eso no existe
pero sí la musiquilla dulzona y apocalíptica
anunciadora del contoneo atávico
sobre el hueco y el tembladeral

y la carne dormida
  sobresaltada
mar perseguido mar aprisionado mar calzado
con botas de 7 leguas
7 colores 7 colores 7
cuerpo arco iris
cuerpo de 7 días y 7 noches
que son uno
camaleón blanco consumido en el fuego
de 7 lenguas capitales

mar settimana

cuerpo orilla de todo cuerpo

pentagrama de 7 notas exactas

repetidas constantes invariables

hasta la consumación del propio tiempo

ergo

1   detén la barca florida

2   hunde tu mano en la corriente

3   pregúntate a ti mismo

4   responde por los otros

5   muestra tu pecho

6   da de tu mar sediento

7   olvida

amén

III

pero sucede que llegó la primavera y decidimos echar
    abajo techos y paredes sitio sitio para el cielo para sus
    designios dormidos con los animales a campo raso
    juntos el uno sobre el otro el uno en el otro.
soledad infinita del amor bajo toda luz.

y desperté a la mañana siguiente con su cabeza sobre mis
    hombros ciega por sus ojos   bianca alucinatta tutta.

a césar lo que le pertenece y al cielo la espalda sacudida
    por el amor y el temor y el tedio y la esperanza, etc.
pasó a toda máquina la primavera   pitando

la casa estaba intacta ordenada por sus fantasmas
    habituales.

el padre en el sitio del padre la madre en el sitio de la
    madre y el caos bullendo en la blanca y rajada sopera
    familiar hasta nuevo mandato.

IV

y sucedió también que
fatigados los comediantes
se retiraron hasta la muerte
y las carpas del circo se abatieron ante el viento
implacable
de la realidad cotidiana.

y si me preguntan diré que he olvidado todo
que jamás estuve allí
que no tengo patria ni recuerdos
ni tiempo disponible para el tiempo.

que a veces
me despierta una mirada
que ávidamente se traga la oscuridad
y que esos ojos azules son restos de alguna luz
restos de algún naufragio
signos del deseo
y de la agonía del deseo.

y que nosotros
los poetas los amnésicos los tristes
los sobrevivientes de la vida
no caemos tan fácilmente en la trampa
y que pasado presente y futuro
son nuestro cuerpo
una cruz sin el éxtasis gratificante del calvario
y que no hay otra salida
sino la puerta de escape que nos entrega
a la enloquecedora jauría de nuestros sueños
nosotros o ellos
acertijo joker moneda perdida en el aire.

tibios temblorosos nonatos
sin estirpe ni prole
dispuestos siempre.

V

aquí un alto en la jornada al escoger una marcha
    militar un sorbo de cualquier bebida gaseosa de
    preferencia cerveza cualquier necesidad física al aire
    libre   cigarrillos abandono y goma de mascar.

VI

y cuando ya
en el piso del vértigo

como una tórtola de ojos dulces y rojos
empollas
meciéndote en el andamio que cruje
qué puede importarte.
nada te toca
ni la nube cargada de eléctrica primavera
que envidiabas no hace mucho
ni el recuerdo satinado obsesivo
del pecho que te hechizaba desde lejos
ni los pregones callejeros
de la putañera fortuna
que te invitaba a bailar
  algunas noches de ronda.

harta de timo y de milagros
de ensayar el trapecio hasta la parálisis
de la iniciación de cada día
de haberte tragado el sapo con la sopa
el sapo de la náusea pura
y el sapo de la náusea práctica
  et alors.
ya no te queda nada
de los dones de las hadas
sino tu hipo melancólico
y tu ombligo pequeño y negro
que todavía no se borra
centro del mundo   centro del caos y de la eternidad
como las líneas de tu mano
por donde corren ríos inmemoriales
y cataratas de tus ojos al firmamento
como única urdimbre de la realidad
oro de lágrimas
y grima de oro
y tu lengua de mil traiciones
cerrada y dulcísima
como un dátil o una aceituna.

como en las coplas de los ciegos
hay un relente obcecado de eternidad y miseria.

VII

ayúdame mantra purísima
divinidad del estómago y el píloro.

si golpeas infinitas veces tu cabeza
  contra lo imposible
eres el imposible
el otro lado
el que llega
el que parte
el que entiende lo indecible

el santo del desierto que se traga la lengua
el que vuelve a nacer forzando a la madre
  de su madre
el nadador contra la corriente
el que asciende de mar a río
de río a cielo
de cielo a luz
de luz a nada.

EJERCICIOS MATERIALES
(1978-1993)

Casa de cuervos

porque te alimenté con esta realidad
mal cocida
por tantas y tan pobres flores del mal
por este absurdo vuelo a ras de pantano
ego te absuelvo de mí
laberinto hijo mío

no es tuya la culpa
ni mía
pobre pequeño mío
del que hice este impecable retrato
forzando la oscuridad del día
párpados de miel
y la mejilla constelada
cerrada a cualquier roce
y la hermosísima distancia
de tu cuerpo
tu náusea es mía
la heredaste como heredan los peces
la asfixia
y el color de tus ojos
es también el color de mi ceguera
bajo el que sombras tejen sombras
y tentaciones
y es mía también la huella
de tu talón estrecho
de arcángel
apenas posado en la entreabierta ventana
y nuestra para siempre
la música extranjera
de los cielos batientes

ahora leoncillo
encarnación de mi amor

juegas con mis huesos
y te ocultas entre tu belleza
ciego sordo irredento
casi saciado y libre
con tu sangre que ya no deja lugar
para nada ni nadie

aquí me tienes como siempre
dispuesta a la sorpresa
de tus pasos
a todas las primaveras que inventas
y destruyes
a tenderme -nada infinita- sobre el mundo
hierba ceniza peste fuego
a lo que quieras por una mirada tuya
que ilumine mis restos

porque así es este amor
que nada comprende
y nada puede
bebes el filtro y te duermes
en ese abismo lleno de ti
música que no ves
colores dichos
largamente explicados al silencio
mezclados como se mezclan los sueños
hasta ese torpe gris que es despertar
en la gran palma de dios
calva vacía sin extremos
y allí te encuentras
sola y perdida en tu alma
sin más obstáculo que tu cuerpo
sin más puerta que tu cuerpo

así este amor
uno solo y el mismo con tantos nombres
que a ninguno responde

y tú mirándome
como si no me conocieras
marchándote
como se va la luz del mundo
sin promesas
y otra vez este prado
este prado de negro fuego abandonado
otra vez esta casa vacía
que es mi cuerpo
a donde no has de volver

el pulgar de hielo
levanta el párpado
y coloca una gota de oscuridad

se agranda la noche
y cada párpado
es una parda medialuna

el aire vela
el hedor de la vida
deja intacto el perfil

brillan con otra luz
cabello y labio
calla el mar en su oído

y ahora el cuerpo entero
libre de viejas sombras
se alisa para el último amor

he dejado la puerta entreabierta
soy un animal que no se resigna a morir

la eternidad es la oscura bisagra que cede
un pequeño ruido en la noche de la carne

soy la isla que avanza sostenida por la muerte
o una ciudad ferozmente cercada por la vida

o tal vez no soy nada
sólo el insomnio y la brillante indiferencia de los astros

desierto destino
inexorable el sol de los vivos se levanta
reconozco esa puerta
no hay otra

hielo primaveral
y una espina de sangre
en el ojo de la rosa

EL LIBRO DE BARRO

(1993-1994)

HUNDO LA MANO EN LA ARENA y encuentro la vértebra perdida. La extravío al instante. Sombra de marfil, desgranada. Mi padre sonríe. De este lado del mar la espuma es oscura. Huele a fiera me dice la pequeña amiga. El mar huele a vida y a muerte le respondo, supongamos que es así.

La salud aferrada a la roca. Piedra sensible a la luz. El cazador carece de manos y pies. Es ciego y desea. Y su deseo es el bosque bajo el agua, poblado de sexos en flor o de flores maestras que horadan el silencio con sus grandes picos rojos y lentos.

LENTOS CÍRCULOS, INFINITAS ISLAS en un mar interior que gira sin pérdida ni ganancia.

Llegar a eso. Al inexplicable balcón sobre la noche silenciosa y desvelada. Retroceder hacia la luz es volver a la muerte. El reloj vuelve a dar las horas perdidas.

POEMAS. OBJETOS DE LA MUERTE. Eterna inmortalidad de la muerte. Algo así como un goteo nocturno y afiebrado. Poesía. Orina. Sangre.

Muerte fluyente y olorosa. Gran oído de dios. Poesía. Silenciosa algarabía de corazón.

ENTRE OTRAS COSAS DIOS ESTÁ ALLÍ, sentado a la diestra de sí mismo. Confundida en el trébol, su mano me salva de las llamas.

Dios está allí porque lo creo a imagen y semejanza mía.

Pobre mujer de cabellos tristes que se quita la maldad a puñados y se lava mil veces y es ella misma la mancha indeleble en la hoja del cuchillo.

DESPUÉS DE LA GRAN OLA el aire se detiene. La gravedad reina.
Se presienten leves, pequeñísimos navíos en el aire cada vez más frío
de la tarde, suspendidos frente a un aparente destino. La partida y el
límite confundidos.

Sin embargo, qué posibilidades e historias, cuántos sucesos inadverti-
dos. Cualquier cosa, casi nada, lo más oscuro del aliento, un asomo de
tibieza en el entorno, se convierten en tabla de salvación.

Salvación de qué. Para qué. Cuándo. Férreo sinsentido. Celestial es el
garfio de la carne en tránsito.

GOLPEASTE TRES VECES la campana vacía y nadie respondió. El cerebro, la manzana, el corazón eran la misma sombra muda y secreta sobre el césped infinito donde el amor se arrodilla a la espera del rayo que se curva, tajante, como otro cielo.

Nostalgia de los ausentes, de los ángeles varios. Ellos, despojados del tiempo, se convierten en alusiva desnudez, en ausencia turbadora.

No es el reino de la voluntad o del deseo. Traducir el silencio es pretender hacer música donde ya no existe ni la garganta ni el oído humanos.

Traducir el silencio. Golpear tres veces la campana vacía. Que mane el agua mínima, que el dios exista y colme con mudo resplandor el antro imaginario.

Cordis. Corazón. Caverna húmeda, oscuridad azul.

Concierto animal
(1999)

[MI CABEZA COMO UNA GRAN CANASTA]

mi cabeza como una gran canasta
lleva su pesca

deja pasar el agua mi cabeza

mi cabeza dentro de otra cabeza
y más adentro aún
la no mía cabeza

mi cabeza llena de agua
de rumores y ruinas
seca sus negras cavidades
bajo un sol semivivo

mi cabeza en el más crudo invierno
dentro de otra cabeza
retoña

[La muerte se escribe sola]

la muerte se escribe sola
una raya negra es una raya blanca
el sol es un agujero en el cielo
la plenitud del ojo
fatigado cabrío
aprender a ver en el doblez
entresaca espulga trilla
estrella casa alga
madre madera mar
se escriben solos
en el hollín de la almohada

trozo de pan en el zaguán
abre la puerta
baja la escalera
el corazón se deshoja
la pobre niña sigue encerrada
en la torre de granizo
el oro el violeta el azul
enrejados

no se borran
no se borran
no se borran

[SI ME ESCUCHARAS]

si me escucharas
tú muerto y yo muerta de ti
si me escucharas

hálito de la rueda
cencerro de la tempestad
burbujeo del cieno

viva insepulta de ti
con tu oído postrero
si me escucharas

[LA PURA LETRA DEL MAR]

la pura letra del mar
despierta el alma
el cuerpo duerme todavía

único tono
el agua contra el agua

instrumento cortante
el viento
pulsa el instante

son uno ahora
mar y viento

no hay reposo

sólo el bélico dúo amoroso
de vida entrecortada
de párpados cerrados
y venas que se agitan
preparándose

felizmente no tengo nada en la cabeza
sino unas pocas ideas equivocadas por cierto
y una memoria sin tiempo ni lugar
nada para poner
nada para dejar
sino huesos cáscaras vacías
un montoncito de cenizas y
con suerte algo de polvo
innominada nada
en lo que fue mi cabeza

[Esta mañana soy otra]

esta mañana soy otra
toda la noche
el viento me dio alas
para caer

la sin sombra
la muerte
como una mala madre
me tocó bajo los ojos

entonces dividida
dando tumbos
de lo oscuro a lo oscuro
giré recién llegada
a la luz de esta línea

en pleno abismo
abriéndose
y cerrándose la línea

sin música
pero llamando
sin voz
pero llamando
sin palabras
llamando

[Morir cada día un poco más]

morir cada día un poco más
recortarse las uñas
el pelo
los deseos
aprender a pensar en lo pequeño
y en lo inmenso
en las estrellas más lejanas
e inmóviles
en el cielo
manchado como un animal que huye
en el cielo
espantado por mí

El falso teclado
(2000)

Así debe ser

así debe ser el rostro de dios
el cielo rabiosamente cruzado
por nubes grises, violetas
y naranjas
y su voz
el mar de abajo
diciendo siempre lo mismo
tan monótono
tan monótono
como el primer
y el último día

JUEGO AMOROSO

las manos a la altura del aire
a dos o tres centímetros del vacío

no se mirará nada preciso
la polvareda que pasa
el inesperado cortejo de plumas
arrancadas al vuelo
la nubecilla rosada y tonta
que ya no es

el cierraojos y el ábrelos
en la breve opacidad
de una luz que no se ve
y el sueño pies de goma
y azules y brillantes
las estrellas
rientes

párpado sobre párpado
labio contra labio
piel demorada sobre otra
llagada y reluciente

hogueras
eso haremos   a solas

Dama de blanco

el poema es mi cuerpo
esto la poesía
la carne fatigada   el sueño
el sol atravesando desiertos

los extremos del alma se tocan
y te recuerdo Dickinson
precioso suave fantasma
errando tiempo y distancia

en la boca del otro habitas
caes al aire
eres el aire que golpea
con invisible sal mi frente

los extremos del alma se tocan
se cierran
se oye girar la tierra
ese ruido sin luz
arena ciega
golpeándonos

así será
ojos que fueron   boca que decía
manos que se abren y se cierran
vacías
distante en tu ventana
ves al viento pasar
te ves pasar   el rostro en llamas

póstuma estrella de verano
y caes hecha pájaro   hecha nieve
en la fuente   en la tierra
en el olvido

y vuelves
con falso nombre de mujer
con tu ropa de invierno
con tu blanca ropa de invierno
enlutado

Pez todavía

bajo los párpados una lágrima
que el tiempo no enjuga

las bragas húmedas
el tabaco abandonado
la vieja sonrisa frente al espejo

si el cuerpo es silencioso
la mente bulle
como un caldo de pobre

nada por aquí nada por allá
pero tal vez
bajo el diente desgarrado algo verde
y picante nos despierte
otra vez lacerados
¿una maldad?
¿un trozo de pan oscuro?
¿un buen mal sueño?
¿la vida?

NADIE NOS DICE

nadie nos dice cómo
voltear la cara contra la pared
y
morirnos sencillamente
así como lo hicieron el gato
o el perro de la casa
o el elefante
que caminó en pos de su agonía
como quien va
a una impostergable ceremonia
batiendo orejas
al compás
del cadencioso resuello
de su trompa

sólo en el reino animal
hay ejemplares de tal comportamiento
cambiar el paso
acercarse
y oler lo ya vivido
y dar la vuelta
sencillamente
dar la vuelta

Blanca Varela (Perú, 1926-2009).

Obras publicadas

Ese puerto existe. Prólogo de Octavio Paz, Universidad Veracruzana, México, 1959.

Luz de día. Lima, Perú, Ediciones de La Rama Florida, 1963.

Valses y otras falsas confesiones. Lima. Perú, Instituto Nacional de Cultura, 1972.

Canto villano. Lima, Perú, Ediciones Arybalo, 1978.

Ejercicios materiales. Lima, Perú, Jaime Campodónico editor, 1993.

El libro de barro. Madrid, España, Ediciones del Tapir, 1993.

Canto villano (Poesía reunida, 1949-1994). Prólogos de Octavio Paz, Roberto Paoli y Adolfo Castañón. Nueva edición, aumentada. México, Fondo de Cultura Económica, 1996.

Concierto animal. Valencia-Lima, Pre-Textos/PEISA, 1999.

Donde todo termina abre las alas (Poesía reunida, 1949-2000). Prólogo de Adolfo Castañón y Epílogo de Antonio Gamoneda. Barcelona, España, Galaxia Gutemberrg /Círculo de Lectores, 2001. Incluye su último poemario, El falso teclado (2000).

AGRADECIMIENTOS

– A la familia de Blanca Varela, por el apoyo y afecto demostrado desde el inicio de este proyecto.

– A Walter Sanseviero, director de ediciones Sur.